安逸是一種病

那些比你晚睡又早起的人，早已走在你前方。

奧裡森·斯威特·馬登——著
李詩慧——譯

編輯序

史丹佛大學有個著名的綿花糖理論，一個人能否成功並不在於努力或聰明，而是在於是否具有「自律」的能力。不急著吃棉花糖的孩子，他們的未來比較有可能獲得更高的成就；而急著吃掉棉花糖的孩子，則大多禁不起誘惑，容易放棄與失敗。只有學會延遲享樂的人，才更有邁向成功的可能。

你有想過自己為何無法成功嗎？別人在認真學習，而你是否忙著玩 LOL；別人在打工賺經驗時，你在逛街玩樂；別人在爭取加薪時，你只想早點下班。安逸是種難以察覺的病，不僅使你排斥新事物，也讓你不肯在失敗中學習，只肯死守現況而不願去追求更廣大的未來。別在年輕時只顧著享樂，有機會獲得成功時，選擇待在安逸的環境裡。

別再為小確幸而自我滿足，即使捨棄安逸的過程再艱辛痛苦，最後總會收獲成功的美好果實。

目錄 contents

part ONE 成功者都聽得懂這幾句話

part TWO

下班後，我該做的是？

part ONE

成功者
都聽得懂這幾句話

我寧可將他們扔到大海裡，讓他們學會游泳

「克羅基特上校會為自己創造一條道路。」一位來自美國偏遠地區的眾議員在回答白宮發出的「為克羅基特上校創造一條道路」的口號時回答。這位勇敢的人不懼怕反對美國的總統。他寧願選擇過正確的生活，也不願昧著良心當總統。克羅基特雖然是一位文

化程度不高、不拘小節的人，卻是一位勇敢與富於決心的人。

「貧窮是讓人感到痛苦的，這點我可以作證。」詹姆斯・艾布拉姆・加菲爾德❶說。「但對年輕人來說，最好的事情就是將他們扔到大海裡，讓他們學會游泳。」

加菲爾德是美國歷史上最年輕的眾議員，他花了六十天才讓其他議員認可他的能力。無論到哪裡，他都充滿自信。他能取得成功，是因為世人都無法阻擋他的前進。一旦他獲得前進的機會，就會懷著勇敢的心與從容的態度去面對，發揮自身潛能，展現自身的才華。

「展現出你的態度與才華，」艾默生說，「那麼人們自然認可你。這個世界是公平的，每個人都有改變自身命運的機會。」

❶詹姆斯・艾布拉姆・加菲爾德（James Abram Garfield，1831年11月19日—1881年9月19日），美國政治家，第20任美國總統，共和黨人。

「堅信自己能夠獲得成功的人，基本上一隻手觸摸到成功了。」李維說。

理查·奧克萊特是家中的第十三個小孩，出生在一間小屋。他從小沒接受過教育，也沒有什麼機會，但他發明了紡織機器的模型，對英國的工業革命產生了女王陛下都無法達到的影響力。

索拉裡奧，這位到處流浪的吉普賽修補匠，深愛著畫家科爾·安東尼奧·德·菲奧裡的女兒。後來他知道，要想娶他的女兒，他就必須成為一名畫家。「你能給我十年時間去學習繪畫嗎？到時候我回來迎娶你的女兒。」最後，菲奧裡答應了。他覺得，以後這位讓人厭煩的吉普賽人就不會纏著他女兒了。

大約十年後，國王的姐妹向安東尼奧展示了一幅描繪聖母及她孩子的畫像，安東尼奧對這幅畫讚不絕口。後來，他才知道這幅畫的作者正是索拉裡奧。最後，索拉裡奧迎娶了安東尼奧的女兒。

能爬到最高位置的，並不都是天賦秉異之人，但他們

都擁有高尚的心靈與堅定的目標。許多身處最高位置的人一開始都沒有什麼機會，最後卻贏得了財富。他們在與逆境的奮鬥中奮起，不斷前進。正所謂：「盛名都在艱辛後獲得的。」

對敢於迎接挑戰的人來說，世界沒有什麼是不可能的，只要經過努力，最終可能達到了天才所無法達到的高度，讓世人感受到他的偉大。

「我的人生是一場悲劇，」塞拉斯・W・菲爾德說，

「我的財富消散了，我的家庭充滿了恥辱。唉，在我覺得對兒子愛德華很好的時候，其實是在害了他。要是我有足夠的定力，就該讓他自己自食其力，他就能懂得金錢的價值了。」菲爾德的桌上堆滿了許多國家頒給他的獎章與榮譽證書，表彰他用電纜聯通兩大洲所做的偉大貢獻。在他得知兒子給清白的家族帶來污點時，感到極為悲傷，這種傷痛要比毒蛇的毒牙更讓他感到痛苦。

那些一輩子都在依賴別人的人，是很難積極應對危機的。一旦不幸來臨，他們就需要找別人去依靠。如果他號。這些「天才」給我們帶來了全新的希望。有趣的是，那些經常滿口談論天才的人一般都是最不努力的人。越是懶惰的人，就越喜歡談論天才創造的豐功偉績。

最偉大的天才都是最勤奮的勞動者。夏裡丹曾被視為天才，但人們發現，他讓整個國會為之驚歎的「名言」與「隨手拈來的睿智話語」，都是他平日裡精心收集、經過打磨與錘煉的，然後記錄在備忘錄裡，以便能在關鍵時刻使用。

你需要為自己的人生去釣魚

「一個人最好的朋友就是他的十個指頭。」羅伯特・柯爾❷說。他曾與妻子一道乘坐最廉價的航班來到美國而獲得成功。

❷美國化學家。因發現富勒烯而與哈羅德・克羅托、理察・斯莫利共同獲得1996年的諾貝爾化學獎。目前是萊斯大學化學系的名譽教授。

亨利・沃德・比砌並沒有等待著到大教堂裡做牧師，沒有想著一開始就獲得高薪。他到辛辛那提附近的一個小鎮的教區裡擔任牧師，基本負責了教堂大大小小的事務。他要裁剪燈芯，點燃蠟燭，打掃房間，按時打鈴。當時，他的年薪只有兩百美元，但他知道一開始到大教堂或領取高薪是不可能讓他成為優秀的牧師。他所需要的是工作與機會。他覺得要是自己真有能力，那麼必然會在工作中展現出來。

貝多芬在審視莫斯切利斯的作品，發現曲譜的最後看著魚竿，直到我回來。我要去辦點小事。」年輕人愉快地接受了他的建議。釣魚者去了很長時間還沒有回來，年輕人開始感到不耐煩了。同時，魚在貪婪地咬著魚鉤，他感到一陣興奮，忘記了所有的鬱悶，將魚釣上來。那位釣魚者辦事回來後，年輕人已經釣上了很多條大魚。釣魚者數了一下籃子裡的魚，送給了年輕人。釣魚者說：「我兌現了承諾。我希望你能明白，無論什麼時候，當你看到別人得到某些東西時，你也應該去爭取，而不是將時間浪費在愚蠢的願望。

你需要為自己的人生去釣魚。」

在蘇格蘭的一個湖，一艘船即將傾覆，船上乘客在大聲尖叫。就在危機當頭，一位身材魁梧的人滿懷恐懼地說：「讓我們祈禱吧！」另一位粗獷的老船員說：「不！不，我的乘客！讓這個小人祈禱吧，你們需要用槳來划船。」

有史以來最偉大的財富都是那些一開始沒有資本，憑藉智慧與意志，不斷奮鬥的人的結晶。從克羅伊斯到洛克菲勒，這些創造財富的故事都在訴說著同樣的道理。他們不僅僅獲得財富，還獲得了名聲。取得最大成功的人，基本都是那些最依賴自己的人。

「居住在『討厭工作』縣的『遊手好閒』區的男性居民。」一位畫家諷刺地說，「覺得沒有一條康莊大道讓他們遠離貧窮，獲得獨立。因此，他們請求政府向整個縣的人徵稅，用碎石鋪成一條寬闊與平坦的大道，讓他們可以越過山丘，到達更美好的地方。」

「每個人都是自身命運的控制者。」薩魯斯特說。

人不僅是自身命運的設計者，更需要為實現自身的目標添磚加瓦。巴亞德・泰勒在二十三歲時寫道：「我要成為心靈雕塑的雕刻家。」他的自傳向我們展示了他是如何用「鑿子」與「錘子」雕刻心中的天使。

勞動是世界上唯一通往真正成功的「法定貨幣」。上天只會接受你的勞動，除此之外，其他都不會理會。你永遠也不會發現成功的「價格」打折了。通往成功的大門不是那麼容易就可以敞開的，每個想進去的人都只能親自打開，一旦進入後這所大門就會緊閉。

環境很少特別照顧那些偉人。他們的成就是在戰勝困難與各種挫折後取得的。卑微的出身與貧窮的家庭並不是阻擋你取得偉大成功的障礙。農民的孩子佔據了國會的多數議席。出生卑微的人作出了許多重要的發現，成為了許多銀行的總經理，成為了學院的院長，大學的校長。貧窮出身的男女創作了許多優秀的文學作品，成為最優秀的老師與新聞記者。詢問一下那些著名人物的出身，他們肯定會告訴你，他們都是出身在農場或小鄉村。大城市的大部分資本家都是來自農村的。

唯有靠自己才能成就世界上所有偉大的事情。不知有多少人停滯不前，始終無法實現目標，就是因為他們一味等待著好運氣拉他們一把！但是，成功是負累與堅持的「孩子」，是絕不可能通過甜蜜的言語去哄騙或用金錢賄賂的。只要你能為成功付出相應的代價，你就能獲得它。

個人的價值就像一枚自己打造的硬幣

歷史上最優秀的文學作品都是作家一再修改，一行行地審閱，一段段地打磨，最後甚至重寫十幾次後才面世的。作家在創作時付出的艱辛能讓他們的作品經受住時間的考驗。盧克雷提爾斯一生創作了一首詩歌，這首詩歌耗費了他一生的精力。據說，拜倫將

《死亡觀》重寫了一百次，即便如此，他還不是很滿意。約翰・福斯特有時會耗費一個星期思考一個句子。他會不斷斟酌、打磨、潤色句子，或對自己所寫的文字進行嚴格的審閱，直到滿意為止。查爾莫斯曾問福斯特在倫敦過的怎樣，福斯特回答說：「很艱難，一個星期只能寫出一行詩歌。」

即便培根爵士，這位被稱為偉大的天才，在去世時留下了很多頁的手稿，上面寫著「各種待用的奇思妙想」。休謨為了完成《英國的歷史》，每天工作十三個小時。愛爾頓爵士的淵博法學涵養震驚了世界，但他小時候甚至沒錢買書學習，不得不向人借來厚厚的法學著作，然後重新抄寫一遍。馬修・海勒多年來每天堅持花費十六個小時研究法律。在談到福克斯時，人們會很自然想起他創作的《點滴》。盧梭談到在創作流暢生動的文章所付出的辛勞時說：「我的手稿很凌亂，到處都有修改的痕跡，別人基本上都無法閱讀。文章裡每一行字都是我修改四到五次後才出版的。有時，我甚至會花費五到六個晚上去思考這些作

海頓在一個貧窮的家庭成長，他父親是一名馬車夫。長大後，他沒有什麼朋友，過著孤單的生活，後來與一位女僕結婚。後來他離開家，去幫一位音樂老師做跑腿活。在此期間，他學習了很多有關音樂方面的知識，但他一直遭到各種迫害，最後定居到維也納當一名理髮師，才算安定下來。在維也納，他曾為一名很有影響力的人擦鞋，此人後來成為他的朋友。一七九八年，這位貧窮家庭出身的孩子創作了宗教劇《造物主》，公演後給音樂界帶來了極大的震動，就像一顆之前永不落山的

「太陽」。他受到了王子公孫的接待，與國王王后等人一起就餐。他終於為自己贏得了聲譽，從此再也不需要從事理髮的工作，也脫離了貧窮的生活。但在他一生創作的八百多齣音樂劇裡，《造物主》始終是最優秀的。他死在拿破崙進攻維也納時，當時一顆炮彈落在他家的花園，導致他受傷去世。

像卡瓦納爵士這樣一位沒有手腳的人能夠當選為國會議員，像法蘭西斯・約瑟夫・坎貝爾這樣一位雙目失明的人能夠成為著名的數學家、音樂家與慈善家，我們也應該從中吸取教訓，懂得如何最大限度地發揮潛能，利用機會。也許，百分之九十九的人在面對這樣的逆境時，都會感到極度無助，需要別人的幫忙。如果你的人生是不斷去積累財富，而不是發掘大腦潛能，如果你的天賦是從事商業經營，而不是專業方面的研究，那麼你都要加倍努力，做到最好。

如果你出生在與我一樣的環境，你現在還以販賣蠟燭為生

法蘭西斯・派克曼一隻眼睛失明，儘管遭受這樣的打擊，但他還是成為了美國歷史上最偉大的歷史學家之一，因為他沒有其他人可以依靠，只能靠自己。個人的價值就像一枚自己打造的硬幣，幣值多大，完全視乎自己的努力。佛蘭克林一開始不過是一位貧窮的

印刷工，要能在費城的大街上吃上一塊價值一美分的麵包，已經覺得是一種奢侈了。

邁克爾・法拉第出身於貧窮家庭，父親是一位鐵匠。十三歲那年，他到倫敦一位書籍裝訂商那當學徒。法拉第通過認真閱讀他所裝訂的書籍，學到了很多知識，為日後進一步的發展打下了基礎。騰特爾頓曾自豪地向兒子指出當年他理一次髮只能賺一分錢的理髮店。一位法國醫生曾嘲笑尼斯密斯主教弗萊徹爾，只因為弗萊徹爾出生卑微，年輕時販賣過蠟燭。

對此，弗萊徹爾回答：「如果你出生在與我一樣的環境，你現在還以販賣蠟燭為生。」

詹姆斯・瓦特只接受過初等教育，因為他的身體虛弱，只能不定期到學校學習。但是，他在家裡通過勤奮的自學，彌補了學校教育的不足。亞歷山大五世曾是一位乞丐，他「出身貧苦家庭，最後卻被人雕成塑像」，受到世人的緬懷。威廉・赫謝爾在十四歲時就成為音樂家，入選為漢諾威樂隊的一員。雖然如此，他還是將閒暇時間投入到研究哲學上。他學習了很多方面的知識。他自學了天文學，發現了一系列的天文現象，成為史上最著名的天文學家之一。

喬治・華盛頓的媽媽是一位寡婦，他出生在威斯特摩蘭郡的一個農民家庭。他剛出生就失去了父親。後來，他想進入大學學習，但沒有大學願意接納他。但是，華盛頓憑藉堅定的毅力，掌握了閱讀、寫作與算術方面的知識。莎士比亞在學校只學到了一點閱讀與寫作的知識，後來完全憑藉自學成為著名的戲劇家。彭斯早年也沒有怎麼接受教育，更是在貧困潦倒的處境中度過了青年時期。

詹姆斯．弗格森，出生在一個有上頓沒下頓的貧苦農民家庭，他從小只能通過聽他一位哥哥背誦文章來學到一點知識。在他十來歲時，發現了幾條機械定律，做出了磨坊與紡織輪子的模型。後來，他用繩索來衡量星體之間的相對距離，繪製出了天體的縮略圖。弗格森能用一把普通的小刀做出讓人驚訝的東西。不知有多少偉人都是靠這種「偏門」登上知識的殿堂的！吉福德用補鞋匠的錐子在一張皮革上進行運算。裡滕豪斯第第一次計算是在鋤頭柄上進行的。

古人說：「瞭解自己。」教育會帶給你新生的機會。接受全面的教育能讓我們真正獲得進步。一旦人們接受了全面的教育，一般都能成為一個有智慧的人。但如果只是將大學書本的知識填到腦海裡，填鴨式地將書本知識灌輸到大腦，那麼你就會逐漸倒退、萎縮，最後遠遠低於自身原先的水準，因為你失去了自信與自尊。生搬硬套的知識無法被真正吸收，最後只能遺忘。

你所學會的每一個知識都能讓你在人生的這場鬥爭中獲得一些優勢。望遠鏡並沒有創造任何新的東西，只是讓我們得以窺見神奇的世界。我們讓雙眼接受鍛煉，能夠獲得神奇的能力，能在別人只看到醜陋的地方，看到其中的美感。接受過訓練的雙眼能從我們看到前所未有的世界，能從最尋常的事物中找到美感。

阿加西教授的雙眼所看到的世界，是沒有接受過教育的人所無法想像的。接受過訓練的人能比懵懂無知的人多做很多工作。教育能讓我們舉止更為優雅，心智更加穩定，懂得如何保持健康身體與掌握技能。接受過訓練的心智能夠讓人牢牢抓住事物的根本，能讓我們擁有讓人難以阻擋的力量，成就超人般的事業。接受過訓練的品格能讓我們取得難以相信的成就。格拉斯通富於邏輯的思維、深邃的思想與那些從未接受過教育的搬運工相比形成多麼鮮明的對比啊！後者只懂得如何攪拌灰泥與搬磚。

要警惕以犧牲道德力量為代價，過分追求心智鍛煉的做法。美國一所大學某位善於觀察的教授說：「我們的心智應接受全面教育，讓心智始終處於一種平衡的狀態，不要出現某方面功能過分強大的現象。心智尚未接受全面鍛煉的人心中會有一種缺陷感，覺得知識的儲備出現了某個缺位，需要努力去彌補這個缺位。這樣的努力最後讓他們比舉止隨和與說話優雅的大學畢業生獲得更多的知識。他們最後能對自己有全面的瞭解，防止他們意識到自身的無知。雖然心智需要進行全面的訓練，但最好有兩三種比較強的能力。我們常常忘記人生的目標，漠視了自己該成為怎樣的人與該做什麼。要記得，過程。無論看到什麼或閱讀什麼書籍，都要進行批判性的思考。閱讀時記得思考，這是最為重要的，也是最容易執行的。」

「真正明白善於思考的人，太少了！

不知多少人在懵懵懂懂中，

虛耗了一生的青春韶華。」

許多員工的能力都要比他們的老闆強

哥倫布航海當水手時，成為了一名優秀的地理學家與天文學家。

彼得大帝十七歲時成為了俄國絕對的統治者。當時，他的臣民只比野蠻人更開化一點。至於他自己，野蠻人殘存的性格展現的一覽無遺，這種性格在他一生都時常有所展現。但他決定接受教育，提升國民的品質。他大刀闊斧進行改革。在他二十六歲時，懷著學習的態度參觀了其他歐洲國家，學習其他國家的藝術與學府。在荷蘭的薩爾丹，東印度造船廠的景象給他留下了極為深刻的印象。他脫下皇帝的長袍，穿上工人的衣服，在船廠當起了學徒，學習製造「聖・彼得」號。後來，他購買了這艘船。在學會了造船工藝後，他繼續行程，曾在英國的紙廠、裁縫廠、繩索廠、鐘錶廠及其他工廠工作，他像一位普通工人那樣工作與獲取工資。

在遊歷的過程中，他習慣事先搜集盡可能多的資料，而且他要「親身去看看」。每當在這樣的情況下，他總是手拿筆記本，將任何有價值的東西記錄下來。要是經過看見鄉村的農民在田間工作，他總是停車下來看看，就耕作方面向農民請教，而且會到農民的家裡拜訪，認真記錄農業所需要的知識。因此，他獲得了更為細緻與正確的知識，這為他日後改造國家打下了堅實的基礎。

真正讓你失敗的原因，不是缺乏能力，而是不夠勤奮。其實，在很多例子裡，許多員工都要比他們的老闆聰明，但他們沒有進一步去提升自己。他們喜歡將錢花在娛樂上。在這些人年紀漸漸增長時，就會對那些瑣碎的事情感到煩惱。他們會埋怨自己一生缺乏運氣，沒有遇到生命中的貴人。

很多老闆認為員工是否有書寫能力或掌握基本的商業技能與原則並不重要，所以他們會大量招聘那些平庸的員工。在工廠、商店與辦公室等地方工作的年輕男女普遍都展現出他們的無知。我們到處都能看到一些有能力的人在平庸的位置上打滾，因為他們認為在年輕時沒有必要去挖掘自身的潛能，沒有必要將精力投入到掌握更為豐富的知識上。

成千上萬的男女的人生停滯不前，是因為他們從不注意那些看似不起眼的事情。

很多具有天賦的女性將人生的韶華時光浪費在當一位普通的職員，或在平庸的崗位上。她們從未認識到開發心智的重要性，沒有認真去抓住機會提升自己，以爭取更高的位置。很多女生突然間失去了所有的依靠，只能自食其力時，不知道該怎麼辦，因為她們年輕時沒有注意提升自己，相反還在那時冷漠地說：「我覺得那樣做沒有必要。」她們覺得在學校裡深入鑽研知識，培養計算精確的習慣或鍛煉日後能夠謀生的能力，都是沒有什麼回報的。她們只希望能儘早嫁出去，從未想過要自食其力。一旦她們的婚姻出現問題，她們就失去了保障。

多數人遇到的問題是，他們不願意全身心投入工作中去。他們希望工作的時間能更短一些，工作量能更少一些，希望娛樂的時間能更長一些。他們認為娛樂與消遣要比對培養人生的專業技能更重要。

很多員工都羨慕他們的老闆，希望自己做老闆。但想擺脫普通員工的身份，成為一名老闆，期間需要付出很大的努力。很多員工希望生活能過的安逸一點，希望能做一天和尚撞一天鐘。但我們要明白，要想身處更高的位置或賺更多的錢，就必須要付出更大的努力與決心。

讓很多人覺得苦惱的原因，是他們不願為日後的美好放棄當下的安逸。他們寧願過一天算一天，不願花時間自我提升。他們心中有某種想要成就大事的渺茫願望，但真正能有堅定決心，驅使自己為了未來放棄當下安逸的人實在是太少了。願意多年專注於學習，為日後人生的成功打下堅實基礎的人，實在是太少了。很多人渴望著成功，但不願意為獲得成功付出努力與做出犧牲。

所以，大多數人在平庸的人生軌道上生活。他們原本有能力進行更高的追求，但卻沒有足夠精力與決心為此做好準備。他們不願意付出必要的努力，希望生活能過的更加安逸一些，不是為了追求更高的自我而作出努力，不願意為真正具有價值的事業付出努力。

無論男女，如果他們有了自我提升的願望，就能找到前進的機會，成為他們之前所不敢想像的人。

對已有的人給予更多，對匱乏的人，最後一點都要剝奪

一位年輕的愛爾蘭人在十九歲時，還不會識字與寫字。他離開家是因為家裡的父親每天酗酒。後來，他通過自學掌握了一點知識，在一艘軍艦裡當了一名籌備員。他選擇這個職位，是因為能在艦長身邊學習各種知識。他在口袋裡放了一本筆記本，每當他聽到別

人說出從未聽過的單詞，就把他記錄下來。某天，一位軍官發現他在筆記本上寫東西，立即懷疑他是一名間諜。其他軍官得知此事後，才發現這本筆記本的真正用途。後來，這位年輕人獲得了更多學習的機會，得到了晉升。最後，這位普通的籌備員在海軍擔任了重要的職位，為他在其他領域內取得成功打下了基礎。

我認識我所在城市的一名市議員，他是一位很聰明的人，有著一顆寬容的心與大度的性情，很受所在選區選民的歡迎。然而，他一開口說話卻是讓人不忍卒聽，感到很難受。

在華盛頓，還有很多類似的例子。很多人因為出色的能力與良好的品格身處某個重要職位，但卻因為無知與缺乏早年的訓練，總讓人覺得尷尬與不安。

對人來說，最恥辱的一種人生體驗，就是意識到自己擁有比現在已展現的能力更強的潛力，卻因早年缺乏訓練導致身處低位，無法身處能夠真正展現自身能力的位置。要是某人早年接受充足的教育與訓練，那他就能發揮百分之八九十的潛能。如果他因為缺乏這樣的教育與訓練導致自身的無知，最後只能發揮出百分之二十五的潛能，這最讓人感到羞辱與尷尬的。換言之，要是我們在人生的某個階段意識到，因為早年缺乏足夠的教育與訓練導致無法發揮潛能，這是最讓人鬱悶的事情了。

除罪惡之外，沒有什麼比我們不為挖掘最大潛能做好

準備，更讓人感到遺憾的事情了。在遇到良機時，卻因自己尚未準備充分而錯失，這最讓人感到痛苦了。

我知道這樣一例讓人感到可悲的例子。此人天生就有成為自然學家的天賦，但他的理想卻因年輕時沒有接受多少知識而遲遲無法實現。在他比同時代其他自然學家都更加出色時，卻不能用符合語法結構的句子寫出研究成果，無法用語言表達心中的思想，無法通過書籍的方式讓自己的思想永遠流傳下去。這一切是因為他沒有接受過多少基礎教育。他早年掌握的詞彙量極少，導致語常的狀況就不知所措，老闆知道她的知識儲備不夠，接受的教育還不夠，她的前景也很有限。

一位年輕女士寫信給我說談到，她因為缺乏早年教育，導致現在她向接受過高等教育與有文化的人寫信，害怕在信中出現語法與拼寫的錯誤。她的來信讓我看到了她明明有很高的天賦，但因缺乏早年教育導致受限，難以發揮水準。因為早年缺乏教育導致自己經常感到尷尬或停滯不前，很難想像出比這更讓人難受的事情了。

我經常收到一些讓我痛心的信件，特別是一些年輕人的信件。這些信件顯示出來信者有很高的天賦，也很聰明，但他們大部分的潛能因為無知被掩蓋了，無法得到展現。

很多來信都顯示出作者就像一塊尚未雕琢的璞玉，只要稍微對它們進行「雕琢」，就足以展現它們隱藏的偉大一面。

我總是為那些過了上學年齡，具有天賦的人因為早年的無知導致無所作為而感到遺憾。要是他們認識到這點，加以克服，即便過了上學年齡，依然可以彌補過去的不足。

對有天賦，原本有機會出人頭地的年輕人來說，因為早年缺乏訓練、充分的準備，一輩子只能為別人打工，這實在讓人感到遺憾。要是他們能更好進行準備，接受更多的教育，他們的人生肯定大為不同。

我們在各行各業都能見到許多職員、機械師與員工，他們無法身處與天賦相稱的位置，是因為他們沒有接受過多少教育。他們無知，不會寫字，說出的話，簡直是在「謀殺」英文。他們的天賦得不到展現，只能一輩子過著平庸的生活。

面對同一塊大理石，一人看到了一座美麗雕像，另一人只看到醜陋的魔鬼

「這個世界不再是一團泥了，成為了創造者手中的鋼鐵。」艾默生說。「人必須要利用手中的『錘子』，堅定持續地進行錘煉，才能闖出一番天地。」

無論是制衣、煉鋼或塑造品格，你都要發揮自己最大的能力。將普通的「事物」提升到具有重要價值的

地步，這是一種偉大的成功。

第一個將淬煉鋼鐵的人可能是鐵匠，他可能對鋼鐵的屬性只有部分的瞭解，沒有想過要更近一步。他覺得能將鋼鐵打造成馬蹄鐵就是最大的成功了，並為此沾沾自喜。他覺得一磅重的生鐵的價格只有兩到三美分，花太多的心思與精力進去得不償失。他強壯的肌肉與不嫺熟的技術，只能讓他將每磅重的生鐵價值提升到一美元，最多也就十美元。

接著，是一位接受過比鐵匠更高教育的刀匠，他的目標要比鐵匠更高一些，對鋼鐵的屬性也瞭解更多，他對鐵匠說：「難道你就只能從鋼鐵裡看到這麼多利用價值嗎？給我一塊鐵，我能向你展示知識、技術與努力創造出來的東西。」刀匠從生鐵中看到了更多的價值。他研究過關於固化與錘煉鋼鐵的技術，利用工具去碾光與打磨生鐵，然後放入熔爐裡進行退火處理。生鐵在裡面進行煅燒，碳化成鋼，再拿出來進行鍛造與錘煉，加熱到讓鋼變白的狀態，然後投入到冷水或是油增強它的硬度，繼而細心地進行打磨。在完

素。」

這位工匠有著更為嫻熟的技術，更為敏銳的洞察力，更好的訓練，同時還有更高的理想與堅定的決心，這讓他能進一步利用生鐵所含的元素——製造出價值超越馬蹄鐵與刀片的東西。他將生鐵做成了精緻的縫針，用於縫紉細棉布。這種縫針極為精細，甚至需要用放大鏡才能看的清楚。製造縫針需要更為精細與複雜的工序，也需要擁有比刀匠更加嫻熟的技術。

工匠覺得自己製造出縫針已經是很了不起了，覺得自己已將生鐵的價值發揮到極致了。無可否認，他將刀匠利用生鐵的價值提升了很多倍。

但是，且慢！另一位嫻熟的機械師有著更為縝密的心思，更為熟練的技術，做事更耐心與勤奮，在學校接受更好的訓練，他能製造出價值超越馬蹄鐵、刀片與縫針的東西。他能將生鐵製成手錶的指針。很多人只能在生鐵中看到馬蹄鐵、刀片或縫針這些最高價值只有數千美元的東西，但他那雙富於洞察力的雙眼則能看到價值高達十萬美金的東西。

接著，一位技術更高級的藝術家出現了，他跟我們說，生鐵的價值還沒有得到最大的展現。他擁有神奇的能力，能讓生鐵繼續發揮出巨大的價值。對他來說，即便將生鐵做成指針，也還是顯得粗魯與笨拙。他知道生鐵能夠加以鍛造，變成具有延伸性的物質，這是那些對冶金知識缺乏足夠深入瞭解的人所不能想像的。他知道，要是在冶煉過程中足夠用心，那麼冶煉出來的鋼就不會過於僵硬與銳利，而會變成較柔軟的金屬。處於這個階段的鋼鐵似乎擁有全新的屬性，還有另一名鐵匠，他在冶煉鋼鐵的過程要更為細緻，知道他所製造產品的人可能更少，即便是接受過教育的普通人，可能都不知道他的名字，因為百科全書與字典裡都沒有提到他的名字。但他能用一塊生鐵，通過神奇的技術與無與倫比的手工，做成了讓指標與遊絲都顯得粗糙與廉價的東西。在他完成這個過程後，你會發現這正是牙醫經常使用的倒鉤工具，用於治療敏感的牙齒神經。一般來說，一磅重的金子的價格是兩百五十美元❸，但是一磅重的這些牙科工具的價格是同等重量的金子的數百倍。

其他專家也許還可以將生鐵做成更高價值的東西，但要想完全將生鐵的價值提升到極致，還需要很多時日，即便最終生鐵被做成能浮在空氣中的物體，可能依然還有進一步提升價值的可能。

這聽起來很神奇，但創造這種神奇只需要我們發揮最尋常的美德。通過我們的洞察力、技能、艱苦努力、堅定的決心與毅力，就能不斷提升價值。

如果一塊包含雜質的生鐵在經過多重冶煉後，價值能獲得如此神奇的提升。那麼，擁有大腦的人類，在發揮身體、道德與心靈的力量後，豈不是能創造出更大的潛能。冶煉鋼鐵需要十幾道工序，才能實現其價值。同理，人要想實現價值，期間也必然會經受來自外界的各種影響。生鐵只有在外界的影響下，才能擺脫原先的惰

❸現約為一萬三千七百美元。

性，發揮出價值。人也是各種內在力量的綜合體，各種力量相互作用。但是，人能夠按照更高自我與佔據主要地位的品格的指引，控制自己朝某個方向前進。

我們在取得成就的大小上存在差異，這與我們的天賦關係不大。真正重要的是，我們要追求理想，挖掘潛能，努力接受教育，將人生這塊「生鐵」的價值發揮到極致。

生活，特別是日常的生活，我們都會經受像生鐵在冶煉過程中遭受的各種「考驗」，但只有經過這種「考驗」，我們才能實現自身的最大價值。別人的反對，在匱乏與痛苦中掙扎，災難與喪親之痛的折磨，惡劣環境的摧殘，生活中各種煩惱與焦慮，各種困難的侵襲，別人的指責與讓熱情冷卻的事情，常年接受教育與進行自律訓練時感受到的枯燥與負累——所有這些都是讓我們獲得最大成功的必要「冶煉」。

鋼鐵在冶煉與碾壓後可增強硬度，變得更加柔軟與抗壓。這是每一位工匠都想做到的。要是每一錘都會將鋼鐵打碎，要是每一次軋鋼都會使鋼鐵變成粉，要是每一次煅燒都會讓鋼鐵燒成灰，那麼這樣的鋼鐵還有什麼價值可言呢？鋼鐵正是擁有能抵抗上述各種錘煉與冶煉的品質，才能從每一道工序中獲得「力量」，最後展現出最大的潛能。從本質上來說，鋼鐵的這些屬性都是固有的。對我們來說，這完全是一個自我成長、接受教育與發展的階段，要做到這點，必須要有堅定不移的目標。

每一位工匠都能從生鐵中看到一些更美好的東西。只要我們意識到自身也可以擁有這樣美好的未來，就會有前進的動力。如果我們只能從生鐵中看到馬蹄鐵或刀片，那麼我們的全部努力也無法製造出其他東西。我們首先要看到一個遠景，然後按照這個遠景去進行努力，才能實現目標。我們要下決心去奮鬥，忍受考驗與折磨，為成功付出必要的代價，相信最後的結果一定能讓我們之前忍受的痛苦、考驗與磨難獲得回報。

那些不敢接受「煅燒」、「碾壓」或是「冷卻」過程的人，必然是人生的失敗者，成為平庸的人，他們的品格必然出現了某些問題，甚至可能讓他們成為罪者。正如一塊生鐵如果長期放置，任其與空氣接觸，就會被氧化，變得毫無價值。我們的品格也是如此。如果我們在日常生活中不注重時刻提升自己，鍛造品格，不斷進行自我反省，或用其他方式進行提升，那麼我們就會逐漸墮落。

當然，要是你只想做一塊價值不大的「鐵」或成為「馬蹄鐵」，這是很容易的，但你無法進一步提升自己的人生價值。

很多人覺得自身的天賦太差了，覺得自己與別人比較起來先天不足。但如果我們願意的話，可以憑藉耐心、努力、學習與奮鬥，不斷打磨、煅燒與淬煉人生這一塊「鐵」，讓他的價值不僅僅停留在「馬蹄鐵」上，上升到「指針」上。我們能憑藉無限的耐心與堅持，將這塊看上去不起眼的東西的價值提升到世人驚歎的地步。正是這樣的決心與毅力，讓哥倫布這位織布工成為發現新大陸的第一人，讓佛蘭克林這位到處遊走的印刷工成為著名的政治家、科學家，讓出身貧窮的伊索創作了流芳千古的《伊索寓言》，讓荷馬這位乞丐創造了影響世界的《荷馬史詩》，讓德摩斯梯尼這位刀匠的兒子成為史男孩則利用其他男孩肆意浪費的閒置時間去學習知識。在兩人擁有同樣材料的時候，一人建造了一座宮殿，另一人則建造了小屋。面對同樣一塊大理石，一人從中看到了一座讓所有參觀者都會讚歎的美麗雕像，另一人只能從中看到醜陋的魔鬼，嚇到所有參觀者。

提升自身價值的程度完全取決於你自己。無論你是達

❹本・強生（Ben Jonson，約1572—1637），英格蘭文藝復興劇作家、詩人和演員。他的作品以諷刺劇見長，《福爾蓬奈》（Volpone）和《煉金士》（The Alchemist）為其代表作，他的抒情詩也很出名。

到「指針」或「遊絲」的狀態，都取決於你的理想與更進一步的決心，取決於你是否擁有堅韌的毅力，是否能忍受各種「淬煉」、「碾壓」或「冷卻」，直到達到最後理想的狀態。

當然，這個過程是痛苦與讓人折磨的。要實現最好的自己，需要有足夠的毅力與決心去克服各種困難。但你寧願一輩子讓自己停留在「生鐵」或是「馬蹄鐵」的狀態嗎？

part

▸ TWO

下班後，
我該做的是？

「利用閒暇時間」並不是「消遣式地利用時間」

按一般人的理解，教育就是通過書本與老師去開化孩子心靈的過程。要是人們因為缺乏接受教育的機會或沒有好好利用教育的機會，那麼他接受教育的唯一機會，就是自我學習。現在，我們到處都有自我學習與自我提升的機會，可以獲得豐富的知識。在這個書籍廉價，到處都有免費閱讀圖書館的時代，人們再也不能為自身心智無法成長找藉口了。

要是我們審視一下五十年或一百年前的情況，就會發現當時書籍很稀少，也很昂貴，即便購買蠟燭也要花費不少錢，更別說以前那些人投入到學習的時間是那麼少，加上他們在忙活了一天的工作後，還要克服身體的疲憊，投入心思去學習。綜合這些因素，我們就可發現，過去那個時代的學者真是歷經重重困難才達到那樣的水準。要是我們考慮到一些人在接受教育方面的限制、身體的殘疾、雙目失明、健康不佳，忍受著饑餓與寒冷等因素，就會為我們不能充分利用當代這麼好的自我提升機會，浪費這麼寶貴的財富而感到羞愧。

巴里特對知識充滿了渴望，有著強烈的自我提升願望，這讓他克服了前進路上的各種困難。一位富有的商人提出要為他支付上哈佛大學的學費，但巴里特拒絕了，他說可以通過自學獲得知識。雖然他每天一般都要工作十二到十四個小時，但依然能從忙碌的一天榨出時間來進行學習。他是一位富有決心的人，在鐵板前，在熔爐邊，他像金子一樣對待閒置時間。他相信，只要自己能做到像格拉斯通那樣珍惜時間，那麼多年後肯定能獲得回報。他知道浪費時間的嚴重後果，知道那樣會讓自己停滯不前。想像一下這樣一位每天在鐵匠鋪裡工作十多個小時的年輕人，竟然在一年內掌握了七門語言。

自我提升代表著一種重要的情感：自我提升的願望。這種願望一旦在心靈紮根，通常伴隨著對自我的一種克制——包括肉體上對娛樂與消遣的克制。言情小說、桌牌遊戲、撞球遊戲與無聊的故事讀本，都會被我們放在一邊。相反，我們會利用原先耗在這方面的時間投入到學習。因為追求「自我提升」的人都會遇到「前進道路上的獅子」，這頭「自我放縱」的「獅子」只有在被我們征服後，我們才能取得進步。

讓我觀察一位年輕人是如何利用晚上與閒暇時間的，

我就能預測他的未來。他將閒暇時間視為為日後人生成功為寶貴與重要的基礎嗎？還是將這些時間視為自我娛樂，尋歡作樂的時間呢？

一個人如何利用閒暇時間，將為他的一生打下基調，能讓我們知道他是一位認真的人，還是別人眼中的笑話。

他可能沒有察覺肆意浪費閒暇時間所帶來的嚴重後果。這種平日隨意浪費晚上時間與假期的做法，會漸漸削弱我們，最後導致全面的墮落。

到時他會驚訝地發現，自己已經被競爭對手落下很遠的距離了。如果他們能認真審視自己，就能發現自己其實已經停止成長了。這是因為他們不再努力與時俱進了，不再進行廣泛的閱讀，不再像過去那樣通過不斷提升來豐富人生了。

只有正確利用閒暇時間進行閱讀與學習，才能讓我們出人頭地。很多歷史資料談到的「利用閒暇時間」並不是指「消遣式地利用時間」。歷史偉人幾乎都極為珍惜時間，他們從睡眠、吃飯與娛樂活動中榨取時間，以獲得更多時間投入到學習與提升自我上。

今天的你擁有的機會上難道不比艾利胡・巴里特多嗎？巴里特十六歲時就到一間鐵匠鋪做學徒，每天都要工作一整天，有時甚至晚上都還要點上蠟燭工作。但他在這樣艱苦的情況下，依然能通過壓縮吃飯時間，隨身攜帶一本書，一有閒置時間就拿出來看，利用晚上的休息與平時的閒暇時間進行學習。大多數人隨意浪費的時間都被他利用起來了。在富家子弟與懶人都在床上打哈欠伸懶腰時，年輕的巴里特抓住機會，不斷提升自我。

堅持對天才來說，就好比汽油之於引擎

永遠要記得一句話「過去人們做到的事情，現在也能做到。」取得傑出成就的人並不需要我們供奉在神臺上，或將他們視為有特異功能的人。你應該要研究、探討他們的過往，要找到他們成功的原因在哪，並且去效仿去嘗試。

歷史上有過太多的偉人憑耐心及透過學習，朝某個目標前進最終獲得成功的例子，在運用普通美德取得巨大成就上，沒有比亞伯拉罕・林肯——這位一開始做伐木工的人——最終成為美國總統更為典型的例子了。

如果我們仔細分析林肯的品格，就會發現他的品格其實是由很多最普通的美德構成的。

林肯的優點是他的為人氣概、性情坦率，做人誠實。人們會自然相信他。他決心用最大限度地發揮自身的潛能，想掌握知識，想出人頭地，奮力的想將自己從惡劣的環境中抽離出來，成為世界的風雲人物。

誠然，林肯對自我成長有一種神性的渴望，對追求更圓滿與宏大的人生充滿了激情，但他身上並沒有顯露出什麼過人的天才，也沒有展現出超人的能力。他是一位簡單的人，從來不追求華而不實的東西。

他簡樸性情是他主要的人格魅力。每個認識他的人都能感覺到他是一位真正的男人，一個心胸寬廣、大度的朋友，一位總想著隨時幫助身處困境的人。無論是一隻豬陷入了泥沼，一位貧窮的寡婦陷入了困境，或一位農民需要他的建議，他都會予以協助。他有著助人為樂的天性，為人開放、坦率與透明。他從來不掩藏什麼事情，也沒什麼秘密。他的心總對任何人開放，每個人都能直抵他的內心深處。

努力工作與堅持到底的能力，是天才的「右手」。事實上，這也是天才的最佳替代品了。

如果年輕人將林肯的成功定義為一百分的話，他們肯定覺得，能從中找到一些佔據至少超過五十分的超人能力。但我覺得，歷史已經說明了一點，他對目標的忠誠，他單純與無私的動機是他最大的優點。當然，這些優點是那些出生在美國最貧寒家庭的年輕男女都可以培養的。

假設我們給林肯的誠實與正直打四十分，給他的堅忍不拔與努力工作打二十分，給他對圓滿與有始有終打二十分，給他對成長的渴望與動力，對充實人生的追求打二十分的話，這樣很容易就能佔據了林肯的一百分。我們沒有在林肯身上發現任何可以稱得上是天才的品質或能力。構成他整個人的，是他這些最普通的美德的集合。在美國這片土地上，即便是最貧窮的孩子也能通過努力獲得這些美德。林肯的一生沒有展現出哪一種可以稱之為天才的能力。

林肯的偉大成就是通過這些，不是用金錢、出身門第或個人影響所購買的個人品格獲得的，即便是出身最貧窮家庭與地位最卑微的年輕男女都可獲得。這對世人將產生難以估量的影響，激勵著那些貧苦的男女去追求人生的成功。

羅斯福在科羅拉多州的高山上對人們發表演講時說：

「你們可能覺得我的成功，是你們所無法達到的。讓我告訴你們一點，我所取得的成功，在很大程度上都是一種附屬品，並不是我原本想要的。如果我能取得成功，那麼你們中任何一個人也同樣能取得成功。我只是履行好家庭與工作的責任，當然還有作為一名普通公民的責任罷了。

「如果我去世後，那些最瞭解我的人肯定會覺得，我是一位細心與負責任的丈夫，一位慈愛、睿智與勤勞的父親，一位友善的鄰居，也是一位誠實的居民。我獲得的這些稱號才是真正的榮耀。對我的人生來說，這要比成為美國總統更加光榮。要不是因為一些人為無法控制的事情，我也不可能像現在這樣身處高位。但是，無論世上發生任何偶然的事情，都無法讓我突然間擁有高尚的品格，成為家庭與社區的一名忠誠之人。因此，你們每個人都有像我這樣的機會，取得真正的成功。要是歷史最終證明我的成功與你們中那些出身卑微的人所取得成功是一樣有價值的話，那我將倍感榮幸。」

麥克金利在步入社會初期，並沒有展現出什麼強大的心智慧力。他在人生的起步階段並沒有展現出驚人或讓人為之驚歎的能力。他並不是一位天才，也不是一位出色的學者。他在學校裡的地位不是很高，他不是一位著名的律師，他甚至在國會裡也表現的也不是很出色。但他有冷靜的頭腦，有天才的最佳替代品——艱苦努力與堅持不懈的能力。他知道如何努力工作，如何堅持到底。他知道要想在國會證明自己的能力，就要始終堅持做一件事。他聽從了一位朋友的建議，專心研究關稅法律，最終成為這方面的專家。

歷史上很多偉人們的傳記作品通常讓貧窮出身的男孩感到沮喪，因為他們在尚未閱讀前，就覺得書中講述的偉人是一位天才。他這樣的想法導致他無法從書本獲得人生的啟發，因為他知道自己不是天才，他會對自己說：「這是一本很有趣的書，但我永遠都做不到這些事情。」但在他閱讀麥克金利的人生傳記時，就會發現自己沒有道理做不到書中所說的事情，因為麥克金利的人生並沒有出現突然迅速上升的情況，也沒有因為具有某種特殊能力或機會而平步青雲的例子。麥克金利沒有很出色的天賦，能力其實也是很普通的，但他有良好的常識，同時工作十分認真努力。他擁有高超的技能與善於溝通的能力，讓他最大限度地利用每一個機會。

沒有什麼能阻擋一位擁有鋼鐵般意志與堅強決心的人取得成功。在遇到前路上的障礙，他會越過障礙，從中穿過，或選擇迂回的方法克服。前進中的障礙只能讓他的脊椎更加堅硬，增強他的決心，激發他的智慧，挖掘他的潛能。人類歷史上所有成就偉大事業的人莫不如此。「對有志氣的人來說，世上沒有什麼困難。」

「所有讓我們歎為觀止的人類藝術，」詹森說，「都是不可阻擋的決心與堅持所塑造的。」

有人說的好，即便是相同的建築材料，一些人建造出富麗堂皇的宮殿，一些人只能搭成簡陋的小木屋，一些人只能拿來建造倉庫，一些人則能做成休閒的別墅。在建築師將磚石與灰泥建成其他建築前，它們只能是磚石與灰泥。弱者前進路上遇到的巨礫，只能成為勇敢人前進的踏腳石。讓某些人退縮的困難只能鍛煉其他人的肌肉，強者會將這些困難視為某種心靈的跳板，跨越之前看上去無法逾越的失敗鴻溝，最終獲得圓滿的成功。

內戰時期，美國南部聯盟最著名的將軍之一「石牆」傑克遜將軍，就曾以他的遲鈍著稱。雖然比較遲鈍，但他有著堅定的決心與不可動搖的目標。如果他決心去做某事，就一定要圓滿完成這件事。所以，在他到西點軍校學習時，同學們覺得他太忙了，每隔幾天才會上一天學。但是他沒有放棄，一直堅持學業。最後，他的名次從班上的最後一名，排到了七十名學生中的十七名。很多被他超越的學生的基礎都要比他好。他的同學曾說，要是軍校是十年制，而不是四年制的話，那麼傑克遜肯定會排名第一。

這個世界為那些意志堅定的人讓路。你會發現，通往成功的道路是沒有坦途的，通向成功殿堂的大門也不是可以輕易敞開的。

在美德中，最為普通的當屬堅持了。堅持這種美德就像是「芝麻開門」，要比很多看似重要的品質更能讓我們打開緊鎖的機會大門。每一位男女都可以做到堅持，拒絕在實現目標之前放棄，拒絕追求會阻擋他前進的享樂，毫不動搖地沿著目標前進。

在歷史上，一些人在極其艱難的情況下，憑藉堅持最終創造了最浪漫的傳奇。對目標的堅韌是所有在人類歷史上留下痕跡的人的一個共同特點。有人說，堅韌是政治家的大腦，是武士手中的劍，是發明家的秘密，也是學者的「芝麻開門」。

堅持對天才來說，就好比汽油之於引擎。只有在引擎的驅動下，機器才能完成既定的工作。很多能力平平的人憑藉堅忍不拔的努力，最終要比很多具有天才但缺乏堅持的人取得更大的成就。

誰也無法阻擋一位意志堅強的人取得成功。奪去他的金錢，他能在貧窮中努力奮發。將他關在地牢裡，他能寫出流傳千古的《天路歷程》❶。

堅持某項工作，做到最好，做到圓滿，那麼你將成為別人眼中的英雄。你會對自己有更好的評價，別人也會更看好你。

做事細心周到是另一種每個人都可以培養的普通美德。那些無論做何事都能做到最好的人是不會這樣評價自己的工作的：「這已經做的很好了」。只有在自己能力極限範圍內做到最好，才是真的最好。

丹尼爾・韋伯斯特在童年時期並沒有展現出任何過人的能力。他被送到新罕布什爾州的菲力浦斯・埃克塞特

❶是英格蘭基督教作家、佈道家約翰・班揚（John Bunyan）的著作，於1678年2月出版，是一首基督教的寓言詩（Allegory），後來也被認為是小說。它被認為是最重要的英國文學作品之一，被翻譯成200多種文字。

學院學習。他在那裡沒上多久的學，一位鄰居就發現他哭著回家。鄰居問他發生了什麼事，丹尼爾說，自己對成為一名學者的念頭已經感到絕望了，其他同學都取笑他每次考試都是最後一名，於是他決定離校回家。鄰居說，他應該回去，看看努力學習到底能夠給他帶來什麼。韋伯斯特聽從了鄰居的建議，回到了學校。從此，他懷著必勝的信心學習，沒過多久，他的成績就名列前茅，並一直保持在那個位置，讓之前嘲笑他的人啞口無言。

忠於職守是成功人士與身處高位的一個顯著美德。據史料記載，拿破崙發出的很多急件都寫著「光榮」二字。威靈頓發出的急件一般圍繞著「責任」這兩個字。現在，很多人似乎都不願意像前人那樣走「責任」的老路，也沒有耐心與持續的堅持去獲得世界的榮譽。

我經常收到年輕人寄來的信件，他們在信件中表示，如果他們肯定知道，自己能成為法律界的「韋伯斯特」，一定會投入所有精力去學習，全身心投放到工作。或者，他們知道自己能成為發明界的「愛迪生」，

「醫學界的領軍人物」或成為商界的「沃納梅克、馬歇爾·菲爾德那樣的人物，他們一定會滿懷熱情，投入精力去工作。為獲得上述這些人取得的成功，他們願意做出任何犧牲，經受任何挫折的考驗。但很多人說，他們覺得自己沒有那些著名人物所具備的天才與能力，所以他們覺得再怎麼奮鬥也是無濟於事。

他們沒有意識到，成功並不一定是要做一些偉大的事情，也不是要苦心積慮地去做某些偉大的事情。相反，成功意味著我們誠實認真地生活，過簡單的生活。我們只有在日常生活裡踐行這些普通的美德，將手頭上的事情做到有始有終，在每次交易時做到誠實，真誠對待朋友，助人為樂，友善對待身邊的人，成為一位友善與激勵孩子的父親，如果你能做到這些，你的人生就是成功的。

成功並沒有什麼秘密，只不過是在日常生活裡不斷踐行這些普通的美德。

夏季時，我們看到很多人到鄉村旅遊，他們雙腳踩在雛菊與美麗的紫羅蘭上，不懂得欣賞路邊的可愛的野花，一心只想著摘到大樹上的花朵。其實，樹上的花朵可能根本無法與被他踩在腳下的花朵相媲美。

在日常的生活，不知有多少人為了追求偉大的目標，將生活中值得回憶的事情或美妙的快樂都踩在腳下，他們只想著希望取得驚人的成就，吸引世人的目光，盼望自己的名字出現在報紙上！我們踐踏了自身的情感，漠視了很多美好的東西，只為了追求一些看上去「非同尋常」的東西，獲得一些「看上去很美」的東西，希望能獲得世人的讚美。

為贏得世人的讚美，為了成就一些看上去很偉大與美好的東西，我們錯過了很多小小的成功。要是我們能將這些小小的成功累積起來，那麼我們的人生就已經足夠輝煌了。我們通常追求看上去更為重要與偉大的事情，錯過了生活中的這些小成功。然後，我們驚恐發現，自己已經在一路上錯失了這些美好——生活的甜蜜、美感與可愛，還有很多日常生活中普通與有趣的事情，都在我們毫無意義的追求中錯過了。

構築心靈「大廈」的基礎是「一點一滴，一磚一瓦」

天才應被定義為耗費巨大心力去克服困難的人，這個定義是很正確的。如果當代某些獲得成功的人能向當代的年輕人明確指出，他們所獲的榮譽，是因他們勤懇的工作與不懈的努力獲得的。這對年輕人來說，將是多麼巨大的鼓舞啊！我經常在書中表達這樣的觀點：若是那些沮喪與處於奮鬥中的年輕人能明白一點，即心痛、頭痛與神經疲憊，或讓你沮喪的考驗，讓你鬱悶的時光，工作帶給你的恐懼與絕望，能讓你贏得世人的讚賞，讓你發揮出最大的潛能。

天才們創作的寓言故事都說明了自然界最嚴苛的法則：對已有的人給予更多，對匱乏的人，最後一點都要剝奪。科學家將這條法則稱為叢林法則，適者生存。適者就是最大限度利用已有資源的人，無論遇到順境逆境，始終保持積極樂觀，不斷提升自己。

土壤、陽光與氣候都是極為慷慨的，它們為植物與樹木提供生長的營養，但植物必須全部利用所吸收的營養，結出花朵與水果，為葉子與枝幹提供養分，否則這種營養的輸送就會停止。換言之，土壤絕對不會向樹木輸送超過它所需的營養成分。植物利用營養成分的速度越快，生長也越快，最後長得枝繁葉茂。

同樣的法則對生存在大自然的其他生物都適用。大自然是很慷慨的，如果我們能利用她賜予的東西，那麼她就會持續供給。如果我們停止使用或無法將自然賜予的東西轉化自身力量，如果我們不能有所作為或將她賜予的東西加以利用，就會發現不但自然會停止供給，我們也會變得越來越軟弱與低效。

自然界的一切事物都處於一種動態，不是朝這個方面就是朝另一個方向，不是走上坡，就是走下坡，不是前進就是倒退。要是不利用手頭上的資源，將無法挽留這些資源。

如果我們不鍛煉肌肉與大腦，那麼自然就會讓肌肉變得軟弱，讓大腦變得遲鈍。一旦我們不再發揮能力，那麼上天就會收回這種能力。

大學畢業生從大學畢業多年後，通常會發現能夠證明他們讀過大學的只有那張大學畢業證書……他們在大學獲得的知識與能力已經因為多年沒有使用而漸漸失去了。他們覺得年輕時學到的知識會一直長存記憶。但是，他們不知道一旦不需要運用一些知識，那麼這些知識就會漸漸從腦海消失，只會剩下那部分需要用到的知們停止做某事，能力就會遠離我們，漸漸消失。

自我提升的工具就握在你的手上，使用它吧。如果斧頭很鈍，就要花大力氣砍下去。如果你沒什麼機會，就要耗費更多心力去學習。一開始，進步可能比較緩慢，但堅持定能讓你獲得成功。「一點一滴，一磚一瓦」，這是構築心靈「大廈」的基礎。只要你不放棄，不退縮，在某個時候，肯定能有所收穫。

99%的人過著平庸的生活，是因為他們從未學會演講

你是否要成為一名演說家，這個並不重要。因為不是每個人在面對台下聽眾時，都能完全控制，保持足夠專注度與鎮定的。只有真正的演說家才能在大小演說的場合下，收放自如，充分表達自己的思想。

以某種方式進行自我表達，這是一種鍛煉智慧的方

式。這種方式可以是音樂，可以是繪畫創作，也可以是演說，更可以是銷售商品或是創作著作。但無論是哪種方式，都是一個自我表達的過程。

每個人以適當的方式去表達自己，就能喚醒一個人的潛能，發揮他的才智。但沒有比在聽眾面前進行演說，更能全面、迅速與有效地鍛煉我們的能力，挖掘我們的潛能了。

無論在哪個時代，演說術都被稱為是人類成就的最高表現形式。你無論是做工人還是，商人或是醫生，都應該對所從事的行業進行深入的研究。

沒有比在公眾演說時努力做到最好，更迅速與有效激發一個人的潛能了。當一個人開始學會如何獨立思考，在公眾前進行即席演說，這對他整個人的能力都是重大的考驗。

相比于演說者，作家具有很多優勢，他可以在靈感激發時創作。他能夠在想寫的時候進行創作，可以在對寫出來的作品不滿意時，燒掉這些作品，因為沒有一千雙眼睛看著他，也不會有很多聽眾咀嚼他說的每一句話。

作家不需要忍受每一位聽眾對自身的判斷，不需要像演說者那樣被上下打量。作家可能隨心所欲地創作一些作品，不動心力地寫出一些東西，可以是排解內心苦悶，也可以是自娛自樂。沒人會在現場看著他。

他的驕傲與虛榮心都沒有被別人觸摸到，他寫的東西可能讀者永遠都不會看到。而且，作家還有機會進行修改。在日常的談話，我們覺得交流完全是依賴語言的，真正聽我們講話的只是少數人，也許大部分人在聽完後就記不住了。在音樂作品中，無論是有人演繹的歌曲還是輕音樂，都不過是表達了部分情感，剩下的情感埋藏在作曲家的心中。

每一個人，都應該訓練自己獨立思考的能力，這樣他才能在任何時候站起來，發表自己富於見解的觀點。這樣能大大提升他們的演說能力。過去很多在辦公室開會談論的問題，現在都在晚餐桌上盡心討論。很多商業上的問題都在晚餐桌上進行商討。對演說技能的要求從未像現在這麼高。

我們知道，人只需要憑藉艱苦的努力與堅韌的毅力，才能身處重要的位置。但這些人卻無法在公眾面前進行演說，即便是讓他們說幾句話，他們都會像一片白楊樹的葉子那樣顫抖。他們年輕時其實有很多練習演說的機會。他們在讀書期間可以參加辯論社，擺脫在演說時的自我意識，在演說中保持淡定與自若。但他們每次都在逃避這樣的機會，因為他們為人羞澀，覺得別人能在演說中發揮的更好，或能提出更有深度的問題。

今天很多人覺得，要是他們能回到大學時光，重新給他們提升學習思考與獨立思想的機會，他們願意捨去很多金錢。現在，他們錢是賺到了，地位也有了，但他們卻無法站在演說臺上面對別人發表演說。他們能做的，只是傻傻地站在臺上，滿臉通紅，結結巴巴地說著抱歉，然後羞愧走下臺去。

不久前，我參加一個公共論壇。一位在該地有很高地位、專業能力很強的人被人叫起來，就某個問題發表觀點。他站起來，渾身顫抖，說話結結巴巴，完全表達不出內心的想法。他甚至無法表現出自己友善的形象。他是一位富於力量與人生閱歷的人，但站在臺上的他就像一位無助的小孩，內心充滿尷尬與羞愧。要是給他第二次機會的話，他寧願放棄現在所有，以換取在早年時期練習獨立思考與演說能力的機會。

就在這次公共論壇上，這位贏得所有人尊重與信任的人，卻無法就某個重要問題發表自己的觀點，狼狽地走下臺。其實，他對這個問題有很深入的研究，只是站在臺上後，自我意識在作祟，當然「怯場」也是其中的原因之一，導致他最後一句話都說不出來。在同一座城市，另一位實際能力不及他百分之一的膚淺之人站起來，發表了一篇很優秀的演說。那些不認識他的人肯定會覺得他是一位比之前那位怯場的人更有能力。這個人只是培養了如何最好地表達思想的能力，另一個人則沒有。所以在很多情況下，那個有實力的人只能處於劣勢。

紐約一位很有才華的年輕人在很短時間內爬到了一個很高的位置，他說，在參加宴會時，對別人叫自己去演說感到意外。這讓他意識到，原來之前自己的演說水準是多麼的差勁。現在，最讓他感到遺憾的，是他過去沒有抓住機會好好鍛煉演說能力。

努力以流暢、簡潔與清晰的去表達自己，能讓我們在日常生活中更好選擇詞彙去表達自己，提升整個人說話的水準。通過參加各種演說的訓練，能提升心智與品格。這也解釋了為什麼那些年輕人在參加公共辯論或辯論社團後，在很短時間內獲得迅速進步的原因。

賈斯特菲爾德說，每個人在選擇詞語時，都可以選擇好的用詞，摒棄所有惹人反感的詞語；可以恰當地表達自己，不會冒犯別人。如果人們願意下苦功夫，就能讓手勢或個人舉止顯得優雅，不會讓其他人覺得你很低俗。

這只是一個是否願意下苦功夫去訓練與準備的問題。在學習如何表達你心中所想的問題時，你能提升自己的整體水準。你的說話水準、舉止與心靈修煉，都可以通過思考與認真的訓練獲得的。

沒有比演說者的沉悶與千篇一律更讓聽眾感到無聊了。演說必須要有變化，要是缺乏變化，聽眾很快就會對此表示厭倦。

這對那些天生說話比較單調的人來說更是如此。在說話時做到抑揚頓挫，高低聲結合，這是很大的一門藝術。

格拉斯通說：「99%的人過著平庸的生活，是因為他們從未學會演講。」

在面對公眾發表演說時，你必須要知道該說什麼，這就需要我們進行迅速、高效的思考。與此同時，我們要以適宜的音調進行演說，還要配合正確的面目表情與肢體語言。這些都需要早年的訓練。

年輕人想成為演說家，就要鍛煉身體，擁有強健的體魄，因為力量、熱情、信念與意志力在很大程度上都與我們的身體情況息息相關。我們還要訓練身體語言，養成淡定從容的舉止習慣。要是韋伯斯特在反駁海頓——這位美國歷史上最著名的演說家時，坐在國會的椅子上，雙腳跨在辦公桌上，那他肯定無法成功地加以反駁。想像一下像諾迪卡這樣一位能讓聽眾如癡如醉的歌唱家慵懶坐在沙發上或以沒精打采的狀態面對聽眾的情景吧！

早年進行有效的演說訓練，通過廣泛的閱讀與查閱字典，從而在措詞方面更加謹慎。要想成為演說家，首先就要有足夠的詞彙量。

對人來說，沒有比參加公眾演說更考驗人的能耐了。因為沒有人願意在公眾面前暴露自己的缺點與不足，不願意成為別人眼中的傻子。公眾演說能逼迫人進行自我思考。當然那些天生臉皮厚、對別人看法不敏感或不在乎別人想法的人除外。沒有比公眾演說更能展現一個人的缺點，展現他思維的局限性、語言的貧瘠程度或詞彙量不足了。沒有比公眾演說更能考驗一個人的品格、閱讀面與觀察能力了。

簡潔與富於邏輯在演說中必須要有的。在你表達了該說的意思，就要停下了。不要沒完沒了繼續說或在你說清楚意思後繼續說個不停。這樣只會弱化你的演說，讓別人覺得你缺乏圓滑的技能、良好的判斷力與均衡感。在你表達出意思後，不要因為繼續說個不停而影響別人對你已經留下的好印象。

努力成為一名優秀的公眾演說家的念頭，能喚醒你所有的身心機能。演說者的力量感源于抓住讀者的注意力，喚醒他們的情感或以道理說服他們，給予他們自信與自立的感覺，喚醒他們的理想，讓他們專注於某個行業。一個人的為人氣概、品格、學識與對思維的判斷力——所有這些都能讓他成為真正的自己——就像一幅全景畫在眼前慢慢鋪開。在演說的過程中，我們的身體機能被喚醒，每個思維細胞都被激蕩起來，表達也更加流暢。思想通過語言傳遞出去，語言表達我們的選擇。

演說者能調動過往接受過的教育、人生閱歷與所獲得的能力，全身心投入到贏得聽眾的掌聲與喝彩。

這樣的努力能讓你精神高度專注，額頭滲出汗珠，雙眼炯炯有神，臉蛋紅潤，身體的血液迅速流動。沉睡的衝動被喚醒，被遺忘的記憶復蘇了，想像力更加強大，看到了在冷靜時刻無法看到的景象與微笑。

整個人的品格被這種力量喚醒後，能讓我們獲得比單純的演說更加重要的東西。在以邏輯與有序的方式去調動自身的所有潛能，將我們的機能發揮出來，讓我們更為自由與隨意地進行發揮。

終有一天，你們會認真聽我的演說

辯論社團是培養演說家的地方。無論你要走多遠的路才能參加，或在中間遇到多大的困難抑或你沒什麼時間去參加，你都要明白，這樣的訓練會成為你人生的轉捩點。林肯、威爾遜、韋伯斯特、喬特、克雷與派翠克・亨利等人都是從老式的辯論俱樂部鍛煉了自身的演說才能。

不要覺得因為自己對國會的法律一無所知，不願意接受你所在的辯論俱樂部的主席或參加這樣的俱樂部，就可以忽視這樣的訓練。辯論俱樂部是你可以學習演說能力的地方，在你接受了這樣的職務，就會按照演說規則去進行演說。事實上，如果你不去參加，你將永遠不懂得演說的規則。只有在你站在臺上，才能深刻瞭解其中的規則。盡可能多參加一些組織，特別是那些能夠自我提升的組織，每次強迫自己一有機會就去說話。每當別人提出問題，你要主動站起來回答。不要害怕站起來回答問題，說出自己的的想法。不要等待自己完全準備好了再說，因為你永遠都不會處於這樣的狀態。

每當你勇敢地站起來發表自己的觀點，都能增強你的自信。不用過多久，你就會培養演說的習慣，直到你很自然地對待這件事。再也沒有比參加辯論社團或其他各種演說活動，更有效地提升演說能力了。許多演說家都將自身的成功歸結於在老式辯論俱樂部接受的訓練。他們在裡面學會了自信與自我獨立，發現了真正的自我，學會不再害怕別人，滿懷自信與獨立的精神表達自己。沒有比參加辯論活動更能鍛煉一個年輕人的能力了。演說是對心靈一種強有力的鍛煉，正是我們進行肌肉鍛煉一樣。

不要因為害怕演說而坐在後排位置。勇敢地走上講臺上！不要害怕展現自己。因為恐懼而坐在後排角落或站在不為人知的角落裡，這對提升我們的演說能力是毫無益處的。

特別對許多大學學生來說，因為覺得自己沒有足夠的水準而躲避參加公共辯論比賽或演說，這是很好的藉口，也是他們一貫的託辭。他們希望能多等一會，等他們對語法更加熟悉，等他們閱讀更多的歷史與文學方面的書籍，等到他們掌握更多知識與學會了優雅的舉止後，再上臺演說。

要想獲得優雅的舉止、冷靜的心態與有用的知識，要想獲得淡定平衡的心態，以便自己能在公共集會上不會感到恐懼，你就需要獲得更多演說經驗。將一件事情做很多次，那麼這就會變成你的第二天性。如果別人邀請你發表演說，無論你多麼想推託或感到多麼羞澀與害羞，都要下定決心，絕不放任能提升自己的機會白白溜走。

我們知道，年輕人幾乎都擁有進行公共演說的天賦，但他們因為羞澀，總是拒絕接受在宴會或公共場合發表演說的機會，害怕自己缺乏足夠的經驗。他們對自己缺乏自信。他們內心很驕傲，害怕自己會犯錯，然後感到尷尬。於是，他們就等啊等，直到自己沮喪地發現，自己永遠都不可能站在講臺上發表演說了。他們回首往事時，會覺得要是當年接受了發表演說的機會，就能從中獲得豐富的人生經驗。現在，他們寧願放棄很多東西去換取這樣的經驗。即便他們在演說過程中犯錯，甚至完全搞砸了幾次演說，這都關係不大，也要比你多次失去讓你變得強大的機會好的多。

人們一般所說的「怯場」，其實是很普遍的。一位大學生在講臺上背誦一篇「徵兵啟示」。在他下臺後，他的老師問：「這是凱撒說話的方式嗎？」「是的。」學生回答。「如果是的話，那也是凱撒被嚇個半死，緊張得像一隻貓時所說的。」

每當一位缺乏演說經驗的人站在講臺上，他心中都會有一種近乎致命的羞澀感，他覺得所有人的眼睛都盯著他，每名聽眾都在權衡打量他，審視著他這個人到底有多少斤兩，想知道演說者到底有什麼志向，是否能超越他們的期待。這樣的想法簡直要了他的命。

一些人天生很敏感，害怕別人注視自己，所以他們不敢在公眾面前開口，即便是別人提出一個他很感興趣的問題，他們也羞於回答。無論是在演說俱樂部、各種文學社團的交流活動，他們總是呆坐在角落，心中雖然無限惆悵，還是害怕說話。如果他們站在講臺上發表演說，要是台下的聽眾在竊竊私語，都會讓他們感到無助。只要一想到聽眾在台下審視著自己，覺得自己說的話被別人所關注，抑或別人覺得他說的話與其他人都一樣很有價值，都會讓他耳根發紅，更不敢在別人面前說話。

其實，產生羞澀的原因倒不是完全因為害怕台下的聽眾，而是害怕自己沒有選擇適當的詞彙來表達想法。

對公眾演說家來說，最難克服的，當屬自我意識了。別人的銳利的眼神刺穿了他的心靈，別人審視他的表情，都讓他很難擺脫自我意識的困擾。

但是，演說者只有在擺脫了自我意識，在演說過程中完全消滅自我意識，沉浸在演說裡，才能給聽眾留下好的印象。如果他在演說過程，想著會給聽眾留下怎樣的印象，想著別人如何看待他的話，那麼他的力量就會被削弱，演說在某種程度上也將變得機械與沉悶。

即便在演講時出現了重大失誤，這對你也是有好處的。因為這通常能喚醒你在下次克服失誤的決心，讓你逐漸提升自己。德摩斯梯尼憑藉英雄般的努力，最終成為著名演說家。德斯萊利在遭到嘲笑時，放出豪言：「終有一天，你們會認真聽我的演說。」，這些都是歷史上活生生的例子！

真正讓你獲得聽眾認可的，不是你的演說，而是演說者本人。

一個人具有分量，是因為他自己是能力的化身，他深信自己所說的一切。在他的本性裡，沒有任何負面與疑惑的東西。他不僅知道某方面的知識，還知道自己所知道的東西。他的觀點與他這個人一樣具有分量。所有人都會同意他的判斷力。他的行為舉止就能說明他的信念。

我聽過一場讓人如癡如醉的演說。很多聽眾從大老遠趕過來聽他演說，或是為了獲得入場券在門外排隊一個小時。這位演說者無法讓聽眾對他產生信任，因為他的形象不太好，但聽眾卻深深陶醉在他流暢美妙的演說裡。他說的話具有語言的美感，極富魅力。但奇怪的是，聽眾並不相信他說的話。

演說者必須要真誠。聽眾能迅速發現演說者是否真誠。如果看到你的眼神不夠清澈，或是覺得你不夠誠實，只是在演戲，他們就不會欣賞你。

演說者單純說些讓人愉悅的話或有趣的事情是不夠的，他必須首先要相信自己所說的話。要想說服別人，你首先要說服自己。

很多偉大演說成為了歷史的燈塔，照亮了許多人前進的步伐。很多人都是在自身有所準備，再加上時勢的造就，發表了永垂不朽的演說。

要是沒有發生一些重要的事情，很多人根本無法喚醒他們的潛能，也不知道自己的能力極限在哪裡。我們會驚訝地發現，在遇到一些緊急情況時，我們能做出一些自身之前難以想像的事情。但不知為何，我們身上隱藏的潛能平時卻始終沒有爆發出來，因為這些潛能深藏在我們的心靈，這實在讓我們很受挫。演說能大大增強我們的能力，讓我們去做之前覺得不可能的事情。

演說在人生所起的重要性，是我們難以估量。

很多國家處在危機關頭，都會出現一些聞名世界的演說家。西塞羅、米拉布烏、派翠克・亨利、韋伯斯特與約翰・布萊特等演說家就是明證。

緊急情況造就了美國國會最著名的演說——韋伯斯特對海恩的反駁演說。韋伯斯特沒有時間進行準備，但當時的情勢逼迫他發揮所有潛能。他的演說逐一反駁了海恩。相比來說，海恩就是一個侏儒。

筆讓很多人發現了自身的天才，但用筆來表達心聲太緩慢了，也不像演說家那樣能在緊急情況下發表演說更加直接。每次危機都能喚醒人之前從未發覺與意想不到的潛能。

當今沒有一位演說家能在滿座都是你的敵人前，依然能照常發揮，展現你的魅力與力量，讓對方都暗暗為你叫好。

在你見到台下的聽眾，就能感覺他們迸發出一種神奇的力量，某種說不清道不明的魅力刺激著你的心智，催促著你前進。一位演說者在聽眾面前能說出很多之前可能從不敢說的話，正如我們在與朋友熱烈交談之際，能說出一些我們在獨處時說不出的話。正如兩種化學物混在一起時，能形成一種新物質。要是沒有這兩種物質發生的化學反應，這種新物質是不可能單獨存在的。在面對聽眾時，演說者能感受到那種熱情，這觸發他的思考，展現出讓他意想不到的人格力量。

演員會跟我們說，舞臺上的管弦樂隊在面向觀眾演出時，會產生一種難以言喻的美妙感，這是在缺乏觀眾時冷漠無聊的排練時感受不到的。觀眾臉上的那種期待表情能激發他們的潛能，進行最好的演出。要是沒有觀眾的這種鼓勵，他們不可能演到最好的。其實，他們之前也是有這樣的能力，只是沒有被喚醒而已。

在聆聽演說家的演講時，聽眾可以隨心所欲地表達自己的情感。他們可以大聲笑，也可以放聲哭，可以起身鼓掌，直到演說家完全釋放了對「聽眾」的魔力。

所謂「演說」，不過是演說者刺激聽眾，喚醒他們沉睡已久的神經，讓他們釋放自身壓抑已久的情緒。

「他的話就是法律。」這句話很好說明了那些能憑藉演說影響世界的演說家的作用。還沒有比影響世人的心靈更加偉大的藝術嗎？

溫德爾・菲力浦斯的演說充滿感情，改變了那些原先憎恨他的南方人對他的看法，反而懷著好奇心去聆聽他的演說。在某一個時刻，菲力浦斯甚至說服了南方人，讓他們覺得蓄奴是錯誤的。我曾聆聽過他的演說，給我的感覺是，他好像擁有神一般的能力。菲力浦斯就是一位演說大師，隨心所欲地影響聽眾的情緒。一些在南部蓄奴時期憎恨他的南方人也在台下聆聽，就連他們都忍不住為他的演說叫好。他能在演說時讓反對之人轉變原先的觀點，在那個時刻拋棄他們的偏見。

韋特莫爾・斯托利說，在詹姆斯・羅素・羅威爾還是個學生時，羅威爾與他一起到法納爾廳聆聽韋伯斯特的演說。他們兩人原想對韋伯斯特留在泰勒政府的內閣表示輕蔑。他們當時覺得，讓在場的三千名聽眾與他們一道噓韋伯斯特應該不是難事。在韋伯斯特開始演說後，羅威爾的臉色開始變得蒼白，他則是一臉鐵青。他們覺得，韋伯斯特的眼睛死死地盯著他們。他演說的話語讓他們原先心中的鄙視轉化成讚美，將他們的鄙視化成了認同。

「他讓我們見識到了神聖的東西。」另一位到場聆聽韋伯斯特演說的學生在談到這位著名演說家時說。

難道演說不是一門神聖的藝術嗎？演說家流暢的話語就像汩汩流淌的清泉，沿著生命的航道緩緩前進，滋潤著千萬人枯渴的心靈，就像荒野處的綠洲讓身處沙漠中的迷路人燃起了生的希望。

好書
推薦

友友

半個身體的滿滿幸福

陳贈友◎著　齊世芳◎撰文

訂價：280元

他12歲時半身癱瘓，本該怨天尤人，
卻用6年的時間在全台各地演講了500場，
他是打不敗的生命鬥士。

新竹縣政府教育局、台中科學園區都爭相邀請，年僅二十的生命講師。一覺醒來竟失去了半邊的身體，卻因此找到生命的答案。

先天性腦血管病變，每兩千人就會有一個人發病。
贈友從沒想過會有那麼一天，一覺醒來自己的左半邊都無法動彈也沒有任何知覺……

那時他從病床上醒來，才知道老天跟他開了一個天大的玩笑，從此他的人生從此被分為兩半，無憂無慮的童年，與之後在黑暗中長達六年的痛苦掙扎.......
父親的眼淚與家人的耐心勸導，贈友才逐漸擺脫過去，重新找回自我，某日偶然在電視上看到歌手蕭敬騰的演唱，才回想起小時候對音樂的熱愛，於是開始學習使用六根指頭彈奏鋼琴，雖然很辛苦，但友友相信，自己總有一天也能成為自己與別人生命中的奇蹟。

好書
推薦

是歐普拉

貧民到百億天后的關鍵信念

仟霖◎著

價：320元

底解析歐普拉邁向成功的五個核心信念

要看歐普拉的一百則小故事就能在輕鬆中學會歐式成功學

家整理歐普拉年度大事記，三分鐘了解歐普拉的一生

美國，歐普拉不僅僅是一個名字，也不只是一位名人。
美國人而言，歐普拉是一個品牌，是一種文化指標。
要是她講的每句話都會捲起一段旋風，她就像是一個流行風向
，只要你關注歐普拉就是關注美國文化。
書收集超過一百則的小故事，讓我們用這些小故事，一步步的
發現歐普拉的魅力所在！找到歐普拉成功的關鍵是什麼？

於歐普拉——

全世界有超過107個國家收看《歐普拉．溫佛瑞秀》。

《浮華世界》將歐普拉形容為全球影響力僅次於教宗的人。

《時代雜誌》連續將歐普拉列為 20、21 世紀最有影響力的人。

西元 2003 年成為第一位登上《富比士》億萬富翁排行榜的黑人女性。

美國柯林頓總統任內通過一份暱稱為「歐普拉法案」的兒童保護法案。

首創每月選書單元，連續46本帶動本本暢銷。

美國蘭登書屋於《紐約時報》刊登全版廣告，標題為「謝謝妳，歐普拉」。

國家圖書館出版品預行編目（CIP）資料

安逸是一種病：那些比你晚睡又早起的人，早已走在你前方/ 奧利森・斯威特・馬登著；李詩惠譯.-- 初版. -- 新北市 : 大喜文化, 2016.04 面；　公分. -- （輕鬆學 ;9）
ISBN 978-986-92703-2-8（平裝）

1.成功法

177.2　　105003439

輕鬆學 09

安逸是一種病：那些比你晚睡又早起的人，早已走在你前方。

作　　者　奧利森・斯威特・馬登
譯　　者　李詩慧
發 行 人　梁崇明
編　　輯　蔡昇峰
出　　版　大喜文化有限公司
P.O.BOX　中和市郵政第 2-193 號信箱
發 行 處　23556 新北市中和區板南路 498 號 7 樓之 2
電　　話　(02)2223-1391
傳　　真　(02)2223-1077
E-mail　joy131499@gmail.com
銀行匯款　銀行代號：050，帳號：002-120-348-27
　　　　　臺灣企銀，帳戶：大喜文化有限公司
劃撥帳號　5023-2915，帳戶：大喜文化有限公司
總經銷商　聯合發行股份有限公司
地　　址　231 新北市新店區寶橋路 235 巷 6 弄 6 號 2 樓
電　　話　(02)2917-8022
傳　　真　(02)2915-6275
初　　版　2016 年 4 月
流 通 費　新台幣 220 元
網　　址　www.facebook.com/joy131499
I S B N　978-986-92703-2-8